BEI GRIN MACHT SICH IHR
WISSEN BEZAHLT

- Wir veröffentlichen Ihre Hausarbeit,
  Bachelor- und Masterarbeit

- Ihr eigenes eBook und Buch -
  weltweit in allen wichtigen Shops

- Verdienen Sie an jedem Verkauf

Jetzt bei www.GRIN.com hochladen
und kostenlos publizieren

Gebhard Deißler

Leben und Wirken im Fadenkreuz von Zeit und Ewigkeit

Der Weg zur integralen Souveränität

GRIN Verlag

Bibliografische Information der Deutschen Nationalbibliothek:

Die Deutsche Bibliothek verzeichnet diese Publikation in der Deutschen National-
bibliografie; detaillierte bibliografische Daten sind im Internet über http://dnb.d-
nb.de/ abrufbar.

Impressum:

Copyright © 2013 GRIN Verlag GmbH
Druck und Bindung: Books on Demand GmbH, Norderstedt Germany
ISBN: 978-3-656-56643-4

Dieses Buch bei GRIN:

http://www.grin.com/de/e-book/213311/leben-und-wirken-im-fadenkreuz-von-zeit-
und-ewigkeit

GRIN - Your knowledge has value

Der GRIN Verlag publiziert seit 1998 wissenschaftliche Arbeiten von Studenten, Hochschullehrern und anderen Akademikern als eBook und gedrucktes Buch. Die Verlagswebsite www.grin.com ist die ideale Plattform zur Veröffentlichung von Hausarbeiten, Abschlussarbeiten, wissenschaftlichen Aufsätzen, Dissertationen und Fachbüchern.

Besuchen Sie uns im Internet:

http://www.grin.com/

http://www.facebook.com/grincom

http://www.twitter.com/grin_com

Transcultural Management

Gebhard Deißler D.E.A./UNIV. PARIS I

LEBEN UND WIRKEN
IM FADENKREUZ VON
ZEIT UND EWIGKEIT

Der Weg zur integralen Souveränität

CULTURE RESEARCH

KULTUR FORSCHUNG

RECHERCHE CULTURE

BÚSQUEDA CULTURAL

RICERCA CULTURALE

跨文化的智慧精髓

Uтранскультурная

Interkulturelles - u. Transkulturelles Management (German)

Intercultural &Transcultural Management (English)

Gestion Interculturelle et Gestion Transculturelle (French)

Gerencia Intercultural y Gerencia Transcultural (Spanish)

Gerência Intercultural e Gerência Transcultural (Portuguese)

跨文化的智慧精髓 - kua wen hua de zhi hui jing sui (Chinese)

транскультурная компетенция - transkulturnaja
kompetencija (Russian)

toransukaruchā　・ manējimento (Japanese)

トランスカルチャー　・　マネジメント

Vishua Chaytana (Sanskrit)

INHALT

1

LEBEN

IM FADENKREUZ VON

ZEIT UND EWIGKEIT

„Fadenkreuz" ist ein Begriff aus der militärischen Ballistik und insofern kommt es der deutschen martialischen Gefühlswelt entgegen. Desweiteren ist es aber auch ein Begriff, der Fokussierung, Zielorientierung und einen Konvergenzpunkt symbolisiert. Gegenwärtig interessiert uns die Schnittstelle von zwei zeitlichen oder, genauer gesagt, einer zeitlichen und einer zeittranszendierenden Achse in einem Punkt, den man als ewige Gegenwart bezeichnen könnte, ein Punkt, der sowohl an der zeitlichen, als auch an der die Zeit transzendierenden Welt teilhat und somit bislang unerforschte Eigenschafen und Qualitäten besitzt und damit eine ungenutzte Ressource für den Menschen, individuell und kollektiv, in Aussicht stellt.

Viele Probleme des Menschen rühren daher, dass er sich zu sehr auf der horizontalen, zeitlichen Achse bewegt. Diese ist durch die Logik des Zeitlichen mit ihrer antagonistischen Dialektik gekennzeichnet, auf der sich viele Dinge, insbesondere jene die sich im gleichen Raum des Bewusstseins befinden, gegenseitig auszuschließen scheinen. Schon Aristoteles hat darauf hingewiesen, dass widersprüchliche Positionen im selben Raum sich gegenseitig ausschließen. Andere Philosophen, wie beispielsweise der Weise Krishnamurti, haben darauf hingewiesen, dass die zeitliche Achse das gesamte mentale Bewusstsein prägt. Die Akkumulierung in der Zeit konstituiert den Bewusstseinsspeicher, der der Ausgangpunkt der Wahrnehmung ist. Das auf Heidegger zurückgehende Gedächtnis-Antizipationsmodell besagt, dass unsere Bewusstseinsaktivitäten durch diesen Speicher bedingt sind und dass sogar unsere Gegenwartskonstruktionen und Zukunftserwartungen gleichermaßen dadurch bedingt sind. Er fungiert wie die Leine eines Hundes, dessen Länge den Bewegungsspielraum des Hundes definiert. So ähnlich hat es bereits Krishnamurti in einer eingehenden Metapher formuliert.

Die Zeit bildet also jene Achse des Lebens, auf der unsere materiell-mentalen Kämpfe mit ihren endlosen Dialektiken und Konflikten stattfinden. Sie ist mit der Geschichte der Gefangenen von Cayenne vergleichbar, die sich auf der Flucht aus ihrem Gefängnis durch den Dschungel aufgrund der ungleichen Schrittlänge zwangsläufig im Kreis bewegen und somit in das Gefangenenlager zurückkehren. Ebenso verhält es sich mit dem zeitlich, mentalen Bereich, aus dem es für den Menschen kein Entrinnen zu geben scheint. Auch die Lösungsversuche seiner Probleme, die sich häufig im selben Bereich befinden, akzentuieren nur das Problem, obschon sie es mit immer größerer mentaler Sophistikation zu lösen versuchen. Das idiozentrische Mentale ist die dominierende innere Schrittdynamik, die die Wege seines Wesens bestimmt und ihn nicht aus dem Kerker entrinnen lässt.

Dieser Sachverhalt scheint den Traum der Menschen aller Zeiten und Breiten von Freiheit konstitutionsbedingt von vornherein unmöglich zu machen. Daher ist sie bislang ein Traum geblieben, der allenfalls in seinen Künsten realisierbar ist und macht seine Fluchtversuche aus dem selbst errichteten menschlichen Kerker in geistig-materielle Eldorados mittels vielerlei Techniken und Drogen aller Art verständlich, da der permanente Aufenthalt in der freiheitsberaubenden Dunkelheit seines geistigen und vielfach auch materiellen Kerkers der Prekarität und Bedingtheit ihm das Leben schwer macht. Doch wohin soll der Mensch fliehen, wenn er vor sich selbst flüchtet. Gerät er dann nicht vom Regen in die Traufe, in dem er sich noch weiter von sich entfernt. Muss der den Kreis der Gefangenen im Dschungel von Cayenne geistig beschreiten, um schließlich wieder mit seiner Wahrheit konfrontiert zu sein und seine Freiheit auf dieser Wahrheit basierend zu erlangen.

Da gibt es indes aber auch eine andere Dimension, die er intuitiv erfasst, und die mit Attributen jenseits der antagonistischen Dialektiken, wie Friede, wahre Liebe und Freiheit besetzt ist. Sein Glaube an, seine Hoffnung auf und seine Sehnsucht nach und Liebe für diese Dimension, die in den Künsten zelebriert wird und in der Religion offenbart ist, lassen ihm aber das Spannungsfeld zwischen der zeitlichen und der überzeitlichen Achse erträglich erscheinen. Die Moral wird aber nicht selten auch als ein Kampf zwischen den beiden Achsen verstanden und kann die triste zeitliche Perspektive daher häufig nicht so recht aufhellen, da an dieser Schnittstelle häufig Schuldgefühle entstehen, die den Menschen zusätzlich belasten. Und doch haben Ethik und Moral eine Integrationsfunktion hinsichtlich der beiden Achsen. Dies kommt auch durch die Ebenen der Ethik und der Evolution im transkulturellen Profil mit ihrer Schnittstellenfunkton im nächsten Abschnitt zum Ausdruck.

Die konstruktive Frage lautet also, wie man die Intersektion und den Schnittpunkt der beiden Achsen, der zeitlich, mental-materiellen mit ihren dualistischen Dialektiken, i.e. die Logik der mentalen Bereiches integrieren und einen Ruhepol finden kann, einen Pol dessen Qualität aufgrund seiner Immanenz und Transzendenz an einer materiellen und einer immateriellen Dimension teilhat und die beiden Kräfte in Balance und somit zur Ruhe bringt.

Die Ideologien priorisieren in der Regel die zeitliche Achse und vermögen den Menschen à la longue nicht aus seinem scheinbar konstitutiven Kerker zu befreien.

Die Geschichte der Ismen mit ihrer Reversibilität und Impermanenz stellen dafür genügend Evidenz bereit.

Religionen, die ausschließlich das Überzeitliche priorisieren, wie z. b. der Hinduismus und der Buddhismus in den viele Menschen flüchten, wenn sie die Befreiung aus dem scheinbar konstitutiven Kerker suchen, vernachlässigen häufig die zeitliche Achse und verstärken damit häufig materielle Nöte, die wiederum keinen lindernden Impact auf das Kerkerdasein haben. Im Gegenteil, auf der Suche nach der Freiheit auf diesem Wege kann man vom Regen in die Traufe geraten und sogar im Kerker bei vermeintlicher Erleuchtung regelrecht verhungern. New Age exemplifiziert diesen Prozess zum Teil, wenn es nicht gerade durch relativen materiellen Luxus abgefedert ist und somit lediglich eine kulturelle Befriedigung von Bedürfnissen noch exotischerer und raffinierterer Art ist, weil die materielle Welt bereits ausgereizt zu sein scheint.

Allein das Christentum mit seiner Positivität, dass beide Achsen als gut bezeichnet und dessen erstrangige Finalität die schöpfungskonforme Integration und der Konvergenzpunkt der beiden an der Schnittstelle ist, scheint die Quadratur des Kreises der zeitlichen und überzeitlichen Menschlichen anbieten. Indes, man kann nicht Gott und dem Mammon gleichzeitig dienen.

Die sino-japanische pragmatische Zivilisation hat erkannt, dass die Ambivalenz der beiden konstitutiven Tendenzen des Menschen einer Lösung und Integration bedarf und beschreibt ihre Dialektik folgendermaßen. Es folgt ein diesbezüglicher Eintrag aus meinem Transkulturellen Management Fachwörterbuch:

Haku/Kon

Diese beiden japanischen Begriffe chinesischen Ursprungs haben, laut Tsuda, folgende Bedeutung: 1 Kon: Essentielle Seele, die als unteilbare Einheit im Menschen wohnt. 2 Haku: Körperliche Seele, die die physische Einheit seines Wesens gewährleistet. Die Einheit der beiden Seelen bildet das Individuum. Beim Tod löst sich die Einheit der beiden auf, die beiden Seelen trennen sich. Kon steigt zu Himmel auf, Haku bleibt auf der Erde. Dank der Haku-Seele können wir unsere menschliche Gestalt aufrechterhalten. Wenn wir ihr aber zu viel Bedeutung beimessen, erliegen wir ihren Versuchungen und ersticken schließlich die essentielle Seele. Wenn wir aber andererseits der Haku-Seele zu wenig Bedeutung beimessen, verhungern wir. Die Entwicklung von Kon vermittels des physischen Körpers, wie in Haku no budo (M. Ueshiba) befreit uns von materiellen Lastern und führt zu Harmonie unter den Mitmenschen, während die Entwicklung von Haku, wie in Haku no Budo (M. Ueshiba) auf die Zerstörung des anderen abzielt. Dies verdeutlicht die Werte von Einheit und Harmonie im individuellen, kollektiven und transzendenten Bereich.

Das Streben nach dem Entrinnen von der zeitlichen Dimension mittels religiöser Prozesse ist beinahe allen Religionen gemeinsam. Asien hat die Intuition, dass darin die Befreiung des Menschen und somit seine Freiheit besteht. Sie versuchen gewissermaßen der Zeit und ihrem Impact zu entfliehen. Die gesamte Philosophie der Erleuchtung, ob in den diversen Graden der Selbstverwirklichung des Samadhi oder des Satori artikuliert sich um diesen geistigen Brennpunkt. Jener, der die vertikale Achse realisiert hat, gilt als Mukti, als ein Befreiter, der sich mit dem persönlichen oder überpersönlichen, universellen Ziel seiner Suche vereinigt hat. „Mu, mu, mu" rufen die Zen Mönche scheinbar bei ihrer Art der Realisierung aus. Doch dies heißt „nichts, nichts, nichts". Ihre Erkenntnis der vertikalen Achse besteht in der grenzenlosen Leere. Ein Ozean, auf dem die Wellen der Zeit verschlungen sind und der gordische Knoten der Zeit in gewissem Maße gesprengt ist. Die physiologischen Torturen auf dem Weg dorthin, ob über indisch, chinesisch oder japanische Wege, bergen indes große Gefahren, da sie mit latenten menschlichen Energien der Sexualität oder der universellen Energie des Ki arbeiten, die sich insbesondre der Kontrollierbarkeit durch westliche und selbst östlicher Adepten entziehen können. Zembyo, der Zentod der Zenmönche dokumentiert dies.

Doch der Mensch ist bereit, einen hohen Preis für die so sehr ersehnte Freiheit zu bezahlen, ja sogar sein Leben dafür in die Waagschale zu legen. Doch die verschiedenen Mystiken, inklusive der westlich-christlichen, werden durch dasselbe Prinzip der Befreiung durch die Vereinigung mit einem persönlichen Gott bestimmt. In der Regel verwenden sie aber nicht den physischen Körper und seine latenten Energien als primäres Vchikel für die Befreiung.

Dann gibt es den Weg, der mit Krishnamurti populär wurde, der meint, dass all diese Wege sich im Bereich der Reichweite der oben angesprochenen Leine des Hundes bewegen und nicht zur wirklichen Befreiung und Freiheit führen. Für ihn muss die Zeit aber auch enden und durch dieses Ende der psychologischen Zeit, kann, sofern man in diesem Zustand ohne Alternative, frei vom mentalen Bewusstsein verharren kann, eine völlig neue, bislang unexplorierte, kreative Dynamik in der Freiheit einsetzen. Es ist das Finden des anderen Ufers des Lebens, das den Strom des Lebens in eine ganzheitliche Perspektive rückt. Und es gestattet, die vertikale und die horizontale Achse des Lebens gleichermaßen erfahrbar und nutzbar zu machen.

Allein die christliche Religion lehrt seit 2000 Jahren, von Anfang an, einen personifizierten Weg der Integration des Zeitlichen und des Überzeitlichen. Der Schnittpunkt der beiden Aschen ist Christus selbst. Und somit ist die Befolgung der christlichen Lehre gleichzusetzen mit der Integration der zeitlich-überzeitlichen, horizontal-vertikalen, materiell-immateriellen Achsen von Zeit und Ewigkeit. Gott hat diese Lösung des Dilemmas der menschlichen Existenz durch Christus erfahrbar und nachvollziehbar gemacht. Es ist die dem Menschen angemessene Lösung des menschlichen Existenzdilemmas, ja, es ist der Weg, die Wahrheit und das Leben schlechthin und subsumierbar in einem Wort, nämlich in Christus. Er ist das Fadenkreuz von Zeit und Ewigkeit. Dieser Fokalpunkt ist das Nadelöhr, durch das der Mensch, ohne Verirrung, in die eine wahre Freiheit gelangen kann. Nachfolgend ein weiterer Extrakt aus meinem Transkulturellen Wörterbuch:

Christus

Worin unterscheidet er sich laut Papst Johannes Paul II von allen anderen: 1 Sokrates war ein Weiser, der im Namen der Wahrheit den Tod annahm. 2 Mohammed war ein Prophet, der einen religiösen Verhaltenskodex predigte, an den sich alle jene halten müssen, die zu Gott beten. 3 Buddha war ein Erleuchteter, der alles Geschaffene verneint. Er sieht keine Möglichkeit der Erlösung in der Schöpfung. 4 Christus ist der absolut einzigartige und unwiederholbare Mittler zwischen Gott und den Menschen. Er verneint die Schöpfung nicht, wie Buddha und der Mensch ist nicht nur nach Gottes Ebenbild geschaffen, sondern er ist auch im Menschen selbst. „Gott ist alles und wird in allem sein 1Kor15,28)".

Nachfolgend möchte ich die Integration der beiden Achsen insbesondere auf die Lösung heutiger interkultureller Herausforderungen des Menschen anwenden und zwar unter Bezugnahme auf die Forschung von Dr. Thérèse Brosse, einer französischen Kardiologin, der ich in Paris begegnete und die ihr Leben der wissenschaftlich-spirituellen Erforschung des Menschen gewidmet hat. Ihr Werk "Bewusstsein-Energie ..." wurde von mir ins Deutsche übertragen. Diese Forschung zeigt, wie die beiden Achsen der Existenz unter neurophysiologischem Blickwinkel integriert werden können. Die meisten menschlichen sozialen Probleme, auch die der ethischen relativierungsbedingten gegenwärtigen Wirtschaftskrise, können durch die Erkenntnis und den Kompass des Fadenkreuzes von Zeit und Ewigkeit einer Lösung zugeführt werden. Im folgenden Abschnitt also die Lösung kultureller Probleme im und durch das Bewusstseins des Fadenkreuzes von Zeit und Ewigkeit, das kulturell divers erfahrbar ist und im Christentum seine höchste Vollendung findet.

Der christliche Weg ist der Königsweg der Konvergenz von Zeit und Raum, Zeit und Ewigkeit, der Integration aller Höhen, Breiten und Tiefen, der sichtbaren, wie der unsichtbaren Welt, in der Gestalt der Eucharistie, in der eine Begegnung mit dem Schöpfer dieser Welt selbst stattfindet, wenn man sie recht begeht. Und in der

Begegnung mit dem Schöpfer, die sich insbesondere in der Kommunion vollzieht, kann man die mystische Begegnung mit dem von ihm geschaffenen Universum erfahren. Hier werden die vertikale und die horizontale Achse des Zeitlich-Überzeitlichen geheimnisvoll erfahrbar, während man in der Realität verankert bleibt: Ein unermessliches Geschenk Gottes an den Menschen, dessen Bedeutung man kaum erfassen kann, für jene die glauben. Es ist gewiss der Weg in die Zukunft und der Weg der Zukunft der gesamten Schöpfung mit der Menschheit in ihrer vielfach diversen Form in der Einheit der Kindschaft Gottes des Vaters in Christus durch den heiligen Geist. Und es ist ein leichtes Joch, das der Gläubige dafür auf sich zu nehmen hat, viel leichter als die inneren und äußeren Mühen anderer Wege und ohne ihre Risiken, denn von diesem Gott kann nur Gutes und kein Irrweg kommen, da er selbst das Ziel ist.

Im transkulturellen Profiler des folgenden Abschnitts entsprechen die Ebenen der physischen und der psychologischen Kultur D4 - D12 der horizontalen zeitlichen Achse des Fadenkreuzes, die spirituelle Kultur D1 - D2 entspricht der vertikalen, zeittranszendenten Achse des Fadenkreuzes. Der Integrationspunkt der beiden ist deren Konvergenz auf de Profilerebene D3 Operationalisierung.

Diese menschliche kulturelle Trinität ist die Spiegelung der göttlichen mit dem reinen Geist als Gott Vater, seiner physischen Manifestation als Sohn und der Verbindung der beiden durch den Hl. Geist. Eine kulturelle Eschatologie! Erkennt man sie als Einheit in der Dreiheit so sind kulturell, wie auch darüber hinaus problemlösend. Eschatologisches Kulturmanagement! Somit ist der Mensch im Ebenbild des Schöpfers auch ein kulturelles Ebenbild. Und dies verleiht der Kultur einen sakralen Charakter. Und Kulturmanagement jeder Art kommt aufgrund der kulturellen Kausalität im eschatologischen Bereich nicht um diese ursächliche Bezugnahme herum, wenn irgendeine Form von Kulturmanagement oder interkulturellem Management Bestand und Wirksamkeit haben soll.

Nichts kann unabhängig von seinem Ursprung in seiner Gänze wirksam erklärt werden. Allein darin besteht nachhaltiges Kulturmanagement. Zu diesem eschatologischen Ziel hat uns die Orientierung durch das Fadenkreuz geführt, zum Kreuz im Sinne des Kruzifixes und von dort zum Geheimnis von Schöpfung, Mensch und Kultur. Somit haben wir eine neue, eine Metaplattform für das Kulturmanagement errichtet eine transzendente Kulturmanagement Plattform, die die immanente leitet und sie in Anlehnung an das Subordinationsprinzip steuert und integriert. Wir haben den Urgrund der Kultur, ihre Prima Causa das, höchste kulturelle Agens entdeckt. Und hier konvergieren Einheit und Diversität. Durch die Erkenntnis des immanenten-transzendenten Fadenkreuzes von Zeit und Ewigkeit können der Mensch und die Menschheit in schöpfungskonformer Integrität leben.

Aus diesem Fadenkreuz von Zeit und Ewigkeit kann der Mensch, konsolidiert im Raum, jedweder (Management)-Herausforderung im persönlichen, interkulturellen, organisationalen und politischen, wie auch anderen Bereichen, souverän begegnen.

2

WIRKEN IM FADENKREUZ VON
ZEIT UND EWIGKEIT:
MODELLIERUNG DES FADENKREUZES VON
ZEIT UND EWIGKEIT IM BEWUSSTSEIN DES
INTERNATIONAL AGIERENDEN

Eine Architekturmetapher des Bewusstseins

Im folgenden transkulturellen Profiler entsprechen die Ebenen der physischen und der psychologischen Kultur D4 - D12 der horizontalen zeitlichen Achse des Fadenkreuzes, die spirituelle Kultur D1 - D2 entspricht der vertikalen, zeittranszendenten Achse des Fadenkreuzes. Der Integrationspunkt der beiden ist deren Konvergenz auf de Profilerebene D3 Operationalisierung.

Der transkulturelle Profiler

Der Transkulturelle Profiler als architektonische Metapher der Bewusstseinsanatomie und –physiologie des transkulturellen Managers im kulturgrenzüberschreitenden globalen Managementkontext: Die Bewusstseinsdynamik, die in der Anatomie der Bewusstseinsarchitektur des globalen Akteurs wirkt ist von der neurophysiologischen Forschung inspiriert und besteht in einer physiologisch-psychologischen Analogieannahme in dem Sinne, dass die zweifache strukturelle und funktionelle Integration in der Neurophysiologie analog auf eine integrative transkulturelle-interkulturelle hierarchisierte Integrations- und Steuerungslogik hinweist. Es bedeutet, dass die übergeordneten Strukturen des Bewusstseins analog zur Neurophysiologie, die Integration der hierarchisch untergeordneten Strukturen ermöglichen. In diesem Sinne ordnet der transkulturelle den interkulturellen Bereich unter und hat folglich eine Integrationsfunktion für diesen. Und darin besteht der Schlüssel für die Integration jeglicher Diversität in der Einheit. Die beiden sind konkomitant und verkörpern sozusagen Funktionen verschiedener komplementärer Bewusstseinsebenen. Der Wechsel von einer Bewusstseinsebene zur anderen integriert oder manifestiert Diversität. Beide erscheinen somit als aktualisierbare Potentialitäten des Bewusstseins und erfordern somit eine Bewusstseins-Bewusstheit. Die bewusste Wahrnehmung und Erkenntnis der komplementären interkulturell-transkulturellen Gesamtheit des Bewusstseins und seiner Kreativität kann gewissermaßen einen sogenannten kulturellen Quanteneffekt auslösen, der das kulturelle Umfeld entsprechend dem Bewusstseinsstatus des kulturellen Subjekts mitformt. In dieser umfassenden Erkenntnis des kulturellen Universums mit seinen beiden zentralen Aspekten der Diversität mit ihrer dialektischen Logik einerseits und der essentiellen Einheit andererseits besteht die Ressource und der natürliche Hauptschlüssel für ein Kulturmanagement, das den Erfordernissen der globalen Ära gerecht werden kann (Das Prinzip einer   erweiterten dreifältigen biologischen Gesamtstruktur des Menschen und dessen Axiomatik beruht auf der Forschung der Kardiologin und Bewusstseinsforscherin Dr. Thérèse Brosse, Paris, in deren Freundeskreis ich während meines Studiums in Paris verkehrte. Siehe auch   „La Conscience-Energie: Structure de l'homme et de l'univers...", Éditions Présence, Sisteron, France 1984 von dieser Autorin, sowie meine deutsche Übersetzung unter dem deutschen Titel „Das Bewusstsein-Energie: Struktur des Menschen und des Universums...", erschienen beim Grin-Verlag München).

Das Modell wird in meinen anderen Schriften, zusammen mit den bibliographischen Referenzen, detailliert präsentiert. Das gegenwärtige Exposé ist eine Kurzfassung.

12.1-12.12 Planetary interface	11.1-11.12 Trust	10.1-10.12 Competencies	9.1-9.12 Corporate profile	8.1-8.12 Communication profile	7.1-7.12 National culture profile	6.1-6.12 Individual culture profile	5.1-5.12 Evolution	4.1-4.12 Ethics	3.1-3.12 Operation-alisation	2.1-2.12 Noetics	1.1-1.12 Cosmic Interface
geological interface	base	foundation	ground	windows	walls		cupola				lantern

International law———Competence———Altruism———Specialist job———High/Low context——— High PD/Low PD———Family———Sensory———
Biodiversity———Compatibility———Transcultural mindset——— Level of hierarchy——— Public/Private space——— Individualism/Collectivism——— Religion———Active———
Sustainability———Benevolence———Openness———Training——— Free/Contr. information—Strong UA/Weak UA——— Education——— Affective———
Climate change impacts- Integrity———Flexibility———Organizational culture- Poly-/Monochronic———Masculinity/Femininity——— Language———Analytical-
Int. political equilibrium-Predictability———Personal autonomy——— Operational fields——— Direct/Indirect——— Long/Short-term orientation——— Profession———Synthetic———
Int. economic equilibr.- Sincerity———Emotional strength———Scale of operations———Affective/Instrumental- Individualism/Communit.———Class———Universal———Ethics———Operation-———Noetics———Cosmic Interface
Cultural equilibrium- Open with information- Perceptiveness———Institutional environm.- Abstract/Concrete———Universalism/Particularism——— Gender———Denial——— alisation
Strategic balance———Accessible———Listening orientation———Leadership style——— Private/Public——— Achievement/Ascription——— Race———Defence———
Genetic heritage integrity-Reciprocal———Transparency———Management style——— Linear/Circular——— Specific/Diffuse——— Generation———Minimalis.=
Intercultural ethics———Moral responsibility——— Cultural knowledge——— Motivation———Intellectual/Relational——— Emotional/Neutral——— Neighbourhood———Acceptance=
Environm. compatibility-Inclusion———Influencing———Corporate model———Succinct/Elaborate——— Internal/External——— Friends———Adaptation=
Resources impacts———Good intentions——— Synergy———Cultural distance——— Contextual/Personal——— Sequential/Synchronous——— Region———Integration=

| Environmental compatibility check | Trust is the foundation of human relationships | Special intercultural competencies | The corporate environment constitutes the business needs on which intercultural relationships must be based | Walls and windows determine the degree to which we build up barriers or make them permeable and open /close windows for communication | | Shoulders define and consolidate the design | Refines | Enhances | Activates | Integrates | Transcends |

TRANSCULTURAL PROFILER LEGEND

D1 Cosmics

The absolute of consciousness silences all cultural relativities. It is the superquantic dimension of the source - timeless, nameless, and absolute; beyond the mind and the diverse aspects of matter and energy. It integrates the aspects of the real in a transcendent reality.

The unitary structure of the lantern in the DOME architectural metaphor symbolizes that singular unity; the highest level of integration.

D2 Noetics

Is the transcultural level that presides over the quantum optical consciousness and has three major characteristics:

It integrates the totality of the subjacent edifice.

It can alternatively work with intercultural consciousness which deals with the diversity of cultures and it can work with transcultural consciousness, i.e. diversity transcending unity.

In the cupola (and lantern) the twelve arcs of the DOME architectural modeling of the psychological edifice converge. Here the intercultural diversity and transcultural unity are bridged.

D3 Operationalization

Translates the superquantic and the quantic culture consciousness into the cultural dimensions of the edifice rather than sufficing itself in its transcendence and remaining aloof. In physical terms it can be considered as an energetic potentialization-actualization dynamism leading to the cycle: Consciousness- energy-waves-values-behaviors.

D4 Ethics

Ethics is a stepping stone that enables access to the consciousness of the superordinate dimensions. Personal egoism corresponds to cultural ethnocentrism. Both need to be managed for growth into the transcultural dimension. The relative particle must become aware of its being part of a dynamic of an interdependent field and become committed to and accountable for it. Ethics is a cardinal dimension on which any further evolution hinges. They are interdependent, and ethical attitudes and behaviors in the sense of the unconditional respect of any culture member is the sine qua non of viable interpersonal and intergroup relations. Love of God and fellow man is the fulfillment of ethics, of the entire law according to the Christian optic. It can unlock all doors and remove all barriers on the way to all encompassing consciousness. The absence of this dimensional virtue is the negation of human culture and civilization in the original sense and poisons all relationships interindividual, intergroup and intercultural.

D5 Evolution

Diagnoses the phylogenic and the inter-/transcultural evolution of the cultural players. They are progressive enablers of superordinate cultural capabilities. As the cultural player masters the two sets of evolution completely transcultural as opposed to intercultural consciousness unfolds. Upon reaching the universal stage of phylogenetic evolution the threshold to the superior dimension can be crossed.

D6 ICP Individual Culture profile

The specification of the cultural players' individual cultural profile impacts the potential for the achievement of higher dimensions of culture consciousness. The various affiliations/layers can pave the way or impede (culture) consciousness evolution.

D7 NCP National Culture Profile

The aggregate models of culture consist of 12 dualistic dimensions and illustrate the dialectics of the cultural mind. It is the realm of dualistic culture consciousness: the domain of time, mind, conditioning and antagonism; of cultural strife. The dialectics of its structural duality can be sustainably redeemed by the non-dualistic levels of consciousness, which merge the cultural waves into their source or the destination of the ocean, which form but a circle. The intercultural optic of the quantum cultural optic is only aware of the momentary manifestation of consciousness without contextualizing it in the totality of the field of consciousness which redeems the wave of culture in the ocean of consciousness with its integrative and renewing dynamic; its creativity.

D8 Communications Profile

While the previous 2 dimensions are important structural elements, which is insinuated by the architectural term "shoulders" - they provide structural information about a person or and an edifice -, the communication styles dimension can structurally be connected to walls and windows, which allow us to build up barriers or to create relationships and permeability with regard to the environment. Cultural diversity of communication styles is culture consciousness in inter(action). According to Hall culture is communication. Here we additionally conceptualize it, based on the quantum cultural optic as waves which translate as the music of consciousness resulting behaviorally as communication styles preferences.

D9 Corporate Management Profile

The organizational cultural environment grounds management in a combination of physical and psychological culture imperatives which determine horizons of managerial and HR consciousness in addition to the three other more general cultural profiles. They determine corporate consciousness, corporate culture consciousness. Corporate culture consciousness, societal culture consciousness, individual culture consciousness and transcultural consciousness will have to result in a powerful accord in musical terms and need to be based on a good foundation, if the company is to perform well; a blending of the organizational cultural, the intercultural and the transcultural, integrated by the latter.

D10 Intercultural management competencies

As an individual professional intercultural profile they complete the individual and other culture profiles and contribute to enhancing the accord between diverse cultural players in terms of business interests.

D11 Trust

Trust being the basis of all human relations it is as critical a dimension as the ethics dimension, intraindividually and interindividually. It can harmoniously tune relationships between diverse cultural players and foster a spirit of cooperation.

D12 Planetary interface

Physical culture and global governance variables constitute the interface with the global environment. The various levels of global consciousness evolution will impact choices.

The one consciousness is a continuous field of various levels of consciousness evolution and involution whose variables are integrated and governed by the higher noetic/transcultural or quantic dimension D2 and the cosmic or superquantic dimension D1. They are the ultimate destination of the culture journey, where the roadmap, the compass and the cultural traveler merge.